Jano !
Bonne année
2013

appa
&
amma
:)

roman bleu

Dominique et compagnie

Martine Latulippe

Lorian Loubier, grand justicier

Illustrations

Bruno St-Aubin

Données de catalogage avant publication (Canada)

Latulippe, Martine
Lorian Loubier, grand justicier
(Roman bleu)
Pour les jeunes de 10 ans et plus

ISBN 2-89512-285-7

I. St-Aubin, Bruno. II. Titre.

PS8573.A781L67 2003 jC843'.54 C2002-940645-5
PS9573.A781L67 2003
PZ23.L37Lo 2003

Dépôts légaux : 1er trimestre 2003
Bibliothèque nationale du Québec
Bibliothèque nationale du Canada
Bibliothèque nationale de France

ISBN 2-89512-285-7
Imprimé au Canada

10 9 8 7 6 5 4 3 2

Direction de la collection :
Yvon Brochu, R-D création enr.
Éditrice : Dominique Payette
Direction artistique et graphisme :
Primeau & Barey
Révision-correction :
Christine Deschênes

Dominique et compagnie
300, rue Arran
Saint-Lambert (Québec) J4R 1K5
Téléphone : (514) 875-0327
Télécopieur : (450) 672-5448
Courriel :
dominiqueetcie@editionsheritage.com
Site Internet :
www.dominiqueetcompagnie.com

Nous remercions le Conseil des Arts du Canada de l'aide accordée à notre programme de publication, ainsi que la SODEC et le ministère du Patrimoine canadien.

Gouvernement du Québec – Programme de crédit d'impôt pour l'édition de livres – SODEC

À Natacha Genois et
Brigitte Cantin, de
vraies wonder-amies !

Chapitre 1

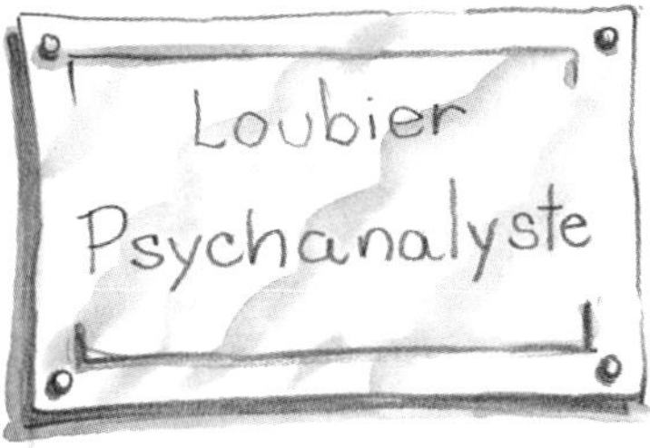

Je n'ai jamais vu l'homme qui est assis dans l'escalier, devant la clinique de mon père. Papa est psychanalyste et il reçoit des tas de personnes différentes. Comme je viens parfois le rejoindre après l'école, je finis par reconnaître ses patients réguliers. Madame B., qui se prend pour une diva, ne manque jamais de me saluer et de me chanter un petit extrait du *Barbier de Séville* ou de *Carmen.* Monsieur G., lui, souffre d'une timidité maladive: il fuit mon regard et rougit dès qu'il

m'aperçoit. Mais l'homme assis négligemment sur la dernière marche, comme si la terre entière lui appartenait, ne me dit rien de bon. Installé tout en haut de l'escalier, il n'a pas fière allure : son veston gris est usé à la corde, son pantalon brun est rapiécé aux genoux, sa barbe et ses cheveux sont longs, tout blancs et frisés. À côté de lui, un sac de plastique rempli de bouteilles et de provisions diverses. C'est sûrement un sans-abri, qui traîne tout ce qu'il possède dans ce seul et unique sac. Mon père n'apprécierait pas de le voir assis devant sa clinique. Il risque d'effrayer les autres patients.

Je dois lui dire de s'installer ailleurs. Sans trop le blesser, évidemment. Il doit se sentir bien seul, le pauvre… Je sais ce que c'est de se

sentir unique en son genre : avec un prénom comme le mien, une mère qui a fui le domicile conjugal trente-sept heures seulement après ma naissance et un père psychanalyste qui passe son temps à me coller des étiquettes, je connais ça, la différence !

Allons, Lorian, du cran ! Il faut agir avant que mon père ne voie cet homme qui a choisi l'escalier de la clinique comme domicile temporaire. Je n'ai que douze ans, mais le courage ne me manque pas. Heureusement, car mon plan d'avenir est déjà tout tracé : je deviendrai un superhéros. Et pour cela, du courage, il en faut ! Je m'approche donc de l'homme, je me plante au bas de l'escalier, les poings sur les hanches, et je lui dis :

–Qu'est-ce que vous faites là ?

Le sans-abri me sourit gentiment. Peut-être qu'il est un peu dur d'oreille ou qu'il ne comprend pas le français. Il semble presque me trouver amusant. Vexé, je tente de mettre un peu plus d'autorité dans ma voix :

–Allez, ouste ! C'est une clinique privée, ici.

L'homme se lève lentement. Il déplie son long, long corps. Il me semble interminable. Je n'ai jamais vu un homme si grand ; je suis impressionné, mais je ne me laisse pas démonter pour autant. La porte s'ouvre derrière lui. Mon père a fini sa journée de travail. Il sort la tête, tout souriant. Je dirais presque radieux. Papa a du mal à croire que je serai un superhéros plus tard, il est trop rationnel. Il sourit sûrement

parce qu'il est fier de me voir enfin à l'œuvre. Alors, pour bien lui prouver que je ne manque ni d'autorité ni de courage, j'en rajoute. Je prends mon air le plus sévère et je hausse la voix pour lancer :

– Déguerpissez avant que j'appelle la police !

La porte s'ouvre alors complètement et mon père sort de la clinique, l'air complètement affolé. Il doit craindre pour ma sécurité.

– Lorian, qu'est-ce qui te prend ?

– Cet homme flânait dans l'escalier, papa. Mais ne t'en fais pas, Super-Lorian s'occupe de tout !

L'inconnu me sourit toujours calmement. Ses yeux vifs attirent mon attention. Il semble profondément amusé et ne dit pas un mot.

– Je… je suis… désolé, docteur,

bredouille mon père en le regardant. C'est… c'est mon fils.

–À ce que je vois, tu as beaucoup d'imagination, mon garçon, me dit le long, long docteur en descendant les quelques marches qui le séparent de moi. Et c'est très bien, l'imagination !

Papa referme la porte, verrouille et descend l'escalier à son tour pour venir nous rejoindre. Je l'entends marmonner :

– C'est bien, oui, mais ce serait encore mieux s'il utilisait cette imagination de façon efficace, au lieu de toujours s'attirer des ennuis.

Le docteur est maintenant tout près de moi. Je suis sûr qu'il doit se voûter pour ne pas toucher la cime des arbres. Il me montre son sac de plastique d'un signe de tête :

– Ton papa a eu la gentillesse de m'inviter à souper chez vous, alors j'ai fait quelques courses.

Derrière lui, mon père sourit d'un air crispé. Très crispé. Il grommelle :

–Lorian, je te présente le docteur Jean Morin. Le plus éminent psychanalyste de notre temps. Le docteur Morin est mon modèle; c'est à cause de l'admiration que j'ai pour lui que je suis moi-même devenu psychanalyste. Je t'ai déjà parlé de lui à quelques reprises, si je me souviens bien…

J'ai du mal à avaler, comme si mes amygdales s'étaient soudain mises à enfler démesurément et bloquaient ma gorge. *Le docteur Jean Morin !* Depuis que je suis né que mon père me rebat les oreilles avec ce type ! Avant même de connaître l'histoire des trois petits cochons et celle de Pierre et le loup, je savais par cœur l'histoire du docteur Jean Morin.

Et c'est à cet homme que je viens d'ordonner de quitter la clinique !

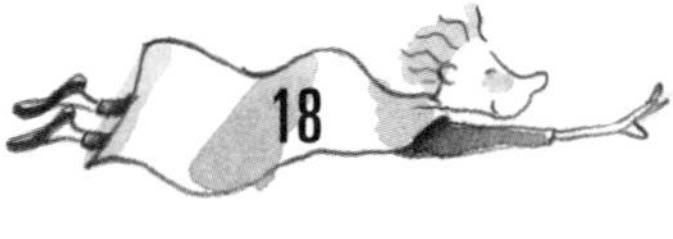

C'est lui que je viens de traiter comme un moins que rien! Bravo, Super-Lorian... Belle preuve de courage.

Chapitre 2

Pris par nos discussions, Mégane et moi sommes, encore une fois, les derniers dans le corridor. Les élèves sont déjà presque tous en classe. La petite Mégane accélère le pas et lève les yeux au ciel :

–Le docteur Morin par-ci, le docteur Morin par-là… Depuis que tu es arrivé à l'école, tu n'as pas dit trois mots de suite sans que le docteur Morin rapplique !

–J'ai passé une soirée magique, Mégane. Quand tu le connaîtras, je suis sûr que toi aussi, tu en parleras

sans arrêt. Il est… il est extraordinaire ! Et il a une façon de dire les choses, même les plus simples, qui rend tout intéressant au plus haut point.

Mégane soupire. Mais je continue sur ma lancée :

– Tous les adultes que je connais auraient été en colère que je les prenne pour des sans-abri… Eh bien, pas lui. Au contraire, il m'a immédiatement traité avec gentillesse. Avec affection, presque. Et il m'a fait comprendre que, même s'il avait été un vrai sans-abri, je n'avais aucune raison de lui parler comme je l'ai fait. Tu comprends ?

Mon amie hoche la tête distraitement, le regard perdu au loin. Ce que je raconte ne semble pas trop la toucher… C'est trop théorique.

Comme moi, Mégane est plus intéressée par le concret que par les mots compliqués, « les concepts abstraits », comme dirait mon psychanalyste de père. Je dois essayer de la convaincre autrement, par des actions. Depuis toujours, c'est mon mot d'ordre : les belles paroles ne suffisent pas, il faut de l'action !

– Mégane, pourquoi on traite toujours mal les gens qui sont différents ?

Elle pose une main sur mon épaule, prend un air faussement compatissant :

– Tu te sens maltraité, Lorian ?

Et la petite Mégane éclate d'un grand rire, un rire contagieux qui semble presque trop grand pour son petit corps. C'est vrai, je suis le seul de tout mon entourage à m'appeler

Lorian. Le seul aussi que sa mère a abandonné trente-sept heures après sa naissance. Le seul à avoir un père psychanalyste qui passe son temps à se demander si son fils est hypocondriaque, claustrophobe ou trop inhibé. Mais tout de même, je ne suis pas maltraité !

–Je ne parle pas de moi ; je ne suis pas si différent, quand même !

–C'est vrai, me taquine Mégane. Tous les garçons de notre âge veulent devenir superhéros et s'embarquer dans des aventures incroyables, comme grimper sur le toit de l'école, se lancer à la défense des belles Zoé éplorées aux prises avec de dangereux taxeurs ou faire arrêter le mari de notre enseignante…

–C'est fini, ce temps-là. J'ai eu ma leçon.

Mégane s'arrête de marcher brusquement. Elle tourne vers moi de grands yeux presque effrayés.

–QUOI?! Tu ne veux plus devenir superhéros?

–Bien sûr que oui, mais j'ai compris que je suis trop jeune encore pour me lancer à la poursuite des malfaiteurs. Le docteur Morin m'a expliqué: il faut d'abord poser des... des actions à grande... non, à petite échelle avant de s'en prendre... non, de s'attaquer à l'humanité entière.

–Vraiment? Le docteur Morin a dit ça?

Je fais mine de ne pas remarquer son ton ironique et je poursuis de plus belle:

–Par exemple, si on arrêtait de mettre les gens différents à l'écart, le taux de criminalité baisserait, c'est

évident. Pourquoi certains garçons plus pauvres se font-ils tabasser après l'école ? Parce qu'ils ne portent pas des vêtements Gap ? Pourquoi certaines filles sont-elles toujours toutes seules à la récré ? Parce qu'elles rougissent trop facilement ?

La petite Mégane devient rouge tomate. J'ai touché une corde sensible. Elle est très timide et, avant de me connaître, elle n'avait jamais réussi à se faire d'amis à l'école. Pourtant, quelle fille extraordinaire ! Elle connaît tout sur les superhéros, elle n'hésite pas à suivre un individu louche dans le cadre d'une mission et c'est l'amie la plus fidèle qu'on puisse imaginer.

Mégane semble un peu plus convaincue par mes arguments et demande d'une petite voix résignée :

–Qu'est-ce qu'il faut faire, alors ?

Je savais que je pouvais compter sur Wonder-Mégane ! Elle ne me laisse jamais tomber ! D'un ton enthousiaste, je déclare :

–On va mettre fin à la ségrégation !

–La *quoi* ?

–La sé-gré-ga-tion. Le fait de mettre à l'écart.

–Tu trouves qu'il y a de la sé-gré-ga-tion ici, Lorian ?

Je prends un ton très grave :

–Il y en a partout, Mégane. À nous d'y mettre fin. Tu vas voir, cette école ne sera plus jamais la même après notre passage.

–Ça, dit Mégane, je n'en doute même pas…

Elle tourne le coin du corridor et disparaît.

• • •

Je presse le pas pour la rejoindre. Tout à coup, je vois l'occasion rêvée de prouver ce que j'avance et de faire disparaître les doutes de mon acolyte : devant moi, des graffitis couvrent une rangée de cases. Exactement ce qu'il me fallait pour passer à l'action ! Je saisis Mégane par la main et je l'entraîne vers les vestiaires, presque en courant.

–Viens, Mégane. Nous commençons notre nouvelle mission dès maintenant ! Tu voulais de la ségrégation ? En voilà !

Sur une des cases, quelqu'un a gribouillé au feutre noir : « La Filion est une conne. » La Filion, c'est la directrice de l'école. Elle n'est pas très appréciée, mais bon, comme me

l'a expliqué le docteur Jean Morin, avant d'être une directrice, donc un symbole d'autorité, elle est d'abord un être humain, et on ne doit pas démolir un autre être humain.

Mégane me regarde, puis elle regarde le graffiti d'un air interrogateur. Elle me regarde encore, puis regarde le graffiti d'un air de plus en plus interrogateur.

–Je ne comprends rien à ce que tu veux faire, Lorian.

–Fais-moi confiance. As-tu un crayon feutre noir?

Mon amie dépose son sac à dos par terre et entreprend de le fouiller. Elle en sort le sac à lunch contenant son dîner, une BD de Superman, un livre de mathématiques, une BD de Spiderman, un cahier de leçons, une BD de Batman… et, enfin, un étui à

crayons, duquel elle sort un gros marqueur noir. Elle me le tend en demandant d'une voix hésitante :

– Tu es sûr que c'est une bonne idée ?

– Et comment ! Regarde bien : il faut remplacer la violence par la bonté. C'est une excellente façon de mettre fin à la ségrégation.

J'explique mon plan : faire une croix sur le « La » du graffiti et écrire : « Madame ». On pourra lire : « Madame Filion est une conne », ce qui est déjà un peu mieux que « La Filion ». Mais ce n'est qu'un début. Il me restera ensuite à barrer le C et à le remplacer par un B pour obtenir « est une bonne ». Enfin, j'ajouterai le mot « personne » à la fin du graffiti, et on pourra lire : « Madame Filion est une bonne personne. »

N'est-ce pas déjà un grand pas vers une société meilleure?

Je me mets au travail avec enthousiasme. En sifflotant, je raye d'abord le «La» et je trace un gros M, puis un A, puis un D, puis un A, puis… une main se pose sur mon épaule. Je grogne:

–Un instant, Mégane, je n'ai pas terminé.

–Pas un instant de plus, jeune homme, lance une voix sévère dans mon dos.

Je me retourne: madame Filion est debout derrière moi, l'air très en colère. La petite Mégane, à côté d'elle, fixe le plancher. Elle est si rouge qu'elle pourrait briller dans le noir.

Est-ce que je m'attire toujours des ennuis parce que je m'appelle

Lorian ou est-ce que je m'appelle Lorian parce que je suis destiné à m'attirer des ennuis ? Quel est le rôle du destin dans une situation pareille ? Il faudra répondre à ces grandes questions philosophiques plus tard car, pour l'instant, la directrice me regarde d'un air *absolument* furieux. Je bredouille :

–Ce n'est pas… pas du tout… ce que vous pensez, madame Filion.

–Vraiment ? interroge la directrice d'un ton pour le moins ironique.

Il faut dire qu'à cet instant précis, je tiens un crayon feutre noir et que la directrice m'a vu en train d'écrire sur une rangée de cases où elle peut maintenant lire : « Mada Filion est une conne »… Difficile de se défendre.

–Suivez-moi dans mon bureau. Immédiatement.

Et moi qui croyais que les bonnes actions « à petite échelle » m'éviteraient d'avoir encore des problèmes ! Il faudra que je parle de tout ça au docteur Morin !

Chapitre 3

Finalement, je ne m'en suis pas trop mal sorti hier. Peut-être devrais-je dire que *nous* ne nous en sommes pas trop mal sortis... La directrice a en effet accusé la pauvre Mégane de complicité. Madame Filion a bien voulu croire ma version des faits mais, comme écrire sur les cases est strictement interdit, même si c'est pour corriger un graffiti qui s'y trouve déjà, elle nous a donné une retenue pour cet après-midi. Rester à l'école une heure de plus, un vendredi, ce n'est pas trop agréable, mais la sanction aurait pu être bien pire encore si la directrice ne m'avait pas cru.

Après avoir passé une heure à copier « Je n'écrirai plus jamais au crayon feutre sur les cases de l'école » sous le regard sévère de la directrice elle-même, nous pouvons enfin quitter la classe, Mégane et moi. Nous longeons le corridor, en route vers la sortie. Heureusement, mon amie ne semble pas trop m'en vouloir. Elle soupire seulement :

– Ça m'apprendra à écouter tes belles théories. Et celles de ton docteur Morin.

Bon, c'est vrai que mon idée n'a pas très bien tourné, mais il ne faut pas renoncer pour autant.

– Écoute, Mégane, je crois toujours autant à notre mission. Nous *devons*

faire quelque chose pour améliorer le sort des élèves rejetés ou ridiculisés. C'est notre devoir de citoyens de leur rendre la vie plus douce.

–Wow, Lorian! Un vrai discours de politicien! Tu devrais peut-être songer à un nouveau métier…

Mégane peut se moquer si elle veut. Moi, je suis bien décidé.

–En passant, poursuit mon amie, c'est d'accord pour le souper, demain soir.

Wonder-Mégane est vraiment la plus courageuse de toutes les filles que je connais. Elle affronte la cuisine de mon père presque chaque semaine sans broncher.

Juste avant de prendre le corridor de la sortie, j'entends des éclats de voix derrière la porte d'une classe. Je reconnais la voix de Zoé, la plus belle

fille de l'école, et celle d'Emmanuel, le petit prétentieux qui a la chance de sortir avec cette demi-déesse... *Mais qu'est-ce que je dis là ?!* NON ! Je dois rester bon. Les paroles du docteur Morin me reviennent à l'esprit : ne pas poser de jugement. Emmanuel peut être très sympathique, quand il veut. Je me le répète à quelques reprises pour tenter de me convaincre. Puis, je tends l'oreille pour apprendre ce qui se dit : avec un peu de chance, nos deux tourtereaux sont en train de se disputer, et j'aurai le plaisir de consoler la belle Zoé éplorée...

Soudain, une troisième voix s'élève faiblement, presque chevrotante. C'est celle d'Alexandre, le garçon le plus timide de la classe. Peut-être même de toute l'école. À ce que je

sache, Alexandre ne s'est jamais tenu avec Emmanuel et Zoé. Que font-ils dans une classe à cette heure, un vendredi après-midi ?

Je m'approche discrètement et je colle mon oreille sur la porte pour en apprendre un peu plus. Derrière moi, Mégane chuchote :

– Lorian Loubier, tu nous as assez mis dans le pétrin pour cette semaine. N'en rajoute pas ! Viens-t'en tout de suite. Il ne manquerait plus que madame Filion nous trouve ici, en train d'écouter aux portes…

De la main, je fais signe à Mégane de se taire. Derrière la porte, le ton monte encore :

– Si tu penses me faire peur, petit, lance Emmanuel d'un ton méprisant, tu te trompes.

Zoé renchérit :

–Pour qui se prend-il, ce minus?

Quoi!? *Ce minus?!* Je n'aurais jamais cru Zoé si méchante. Quelle déception! Être si jolie et pourtant si étroite d'esprit. Le pauvre Alexandre ne dit pas un mot, évidemment. Il est bien trop timide pour se défendre contre ces deux-là, que tous les enseignants aiment et que tous les élèves admirent. Si seulement ils connaissaient leur vraie nature...

Et ça continue de plus belle, comme si ce n'était pas déjà largement suffisant. Emmanuel reprend la parole d'un ton mordant:

–Tu ne diras rien du tout si tu tiens à la vie.

J'aurai tout entendu! Du chantage, maintenant! Alexandre proteste faiblement:

–J'ai déjà mis les renseignements

à la poste. Tous les journaux en recevront une copie demain, quoi qu'il m'arrive.

Je suis sidéré. Sous le choc. Décidément, il se passe de drôles de choses dans mon école…

– Tu n'es qu'un rat ! crie alors Emmanuel.

Bon, maintenant, ça suffit ! Plus de doute : c'est une mission pour Super-Lorian. Je ne laisserai pas le timide Alexandre se faire insulter. J'ouvre la porte d'un grand geste. Mégane tire sur la manche de mon t-shirt en murmurant :

– Non, Lorian, arrête…

Mais pas question que je laisse des élèves en rejeter un autre. À bas la ségrégation ! Super-Lorian y veille ! Je foudroie Zoé et Emmanuel du regard en disant :

– Vous n'avez pas honte, misérables ?

Je prends mon air le plus sévère, sourcils froncés et bouche pincée. Chacun d'eux tient un paquet de feuilles à la main. Sûrement les renseignements dont parlait Alexandre. J'avance de quelques pas vers Emmanuel et Zoé et, d'un geste théâtral, je pointe Alexandre du doigt. Je me lance dans une longue tirade, ce qui me prend tout mon courage car Zoé, qui est décidément la plus belle fille de l'école, et peut-être même de toute la commission scolaire, m'intimide beaucoup. Je lance d'un seul souffle :

– Vous croyez que c'est drôle d'avoir le visage couvert de taches de rousseur comme ce pauvre petit ? Vous pensez que ça l'amuse d'avoir

des cheveux roux et de se faire appeler Poil-de-Carotte dès qu'il a le dos tourné ? C'est vrai qu'il est timide, mais peut-être qu'il est intéressant, quand on le connaît. C'est vrai que ce n'est pas non plus une beauté, mais est-ce à ça qu'on doit se fier pour juger quelqu'un ?

Zoé et Emmanuel ne s'attendaient visiblement pas à mon intervention. Ils restent tous deux bouche bée et me regardent avec de grands yeux étonnés. Je dois l'avouer : je suis plutôt fier de moi. Et je pense que le docteur Morin le serait aussi. Mégane me tire toujours par la manche en me lançant des « Lorian... » d'une petite voix désespérée. Mais qu'est-ce qui lui prend, à la fin ? Elle va me briser tout mon effet ! Je jette un œil vers Alexandre : il me regarde d'un air

hébété, les yeux pleins de larmes, passant la main dans ses cheveux roux. Il est sûrement touché que j'aie pris sa défense avec autant de fougue. Au même moment, la silhouette de madame Filion s'encadre dans la porte :

– Lorian, as-tu décidé de participer au spectacle de fin d'année ?

Pauvre directrice ! On voit bien qu'elle ignore ce qui se passe sous le toit de son école. Le spectacle de fin d'année est bien le dernier de mes soucis en ce moment. À côté de moi, Mégane me semble devenir petite, toute petite... Toujours cramponnée à la manche de mon t-shirt, elle murmure :

– Non, nous ne sommes pas dans le spectacle, *nous*...

– Alors, laissez travailler vos amis,

vous voulez bien ? Vous les verrez lundi, ajoute madame Filion.

– *Travailler ?*

– Mais oui. Votre enseignante leur a demandé de monter une petite pièce de théâtre pour le spectacle de fin d'année de la semaine prochaine. Laissez-les apprendre leur texte, maintenant. Allez, ouste, dehors !

Et elle nous pousse, Mégane et moi, d'une main ferme en direction de la porte de l'école, sans que j'aie le temps d'ajouter un mot. La petite Mégane a finalement lâché ma manche. Je comprends enfin ce qu'elle voulait tant me dire. Un peu trop tard, malheureusement. La mine basse, nous marchons vers la sortie. Mégane, les yeux baissés, semble envier le sort des tuiles grises du plancher. Si elle le pouvait, je crois qu'elle changerait volontiers de place avec l'une d'elles. Et moi aussi, d'ailleurs. Parce que, si j'étais une tuile, je n'aurais pas dit à Alexandre que tout le monde

l'appelle Poil-de-Carotte, qu'il n'est pas beau, qu'il a le visage couvert de taches de rousseur et qu'il est *peut-être* intéressant quand on le connaît…

Chapitre 4

C'est presque devenu une tradition le samedi soir : la petite Mégane vient souper à la maison. Mon père l'adore : elle est si timide et réservée que papa doit croire qu'avoir une telle amie ne peut que me faire du bien. Mais, même si elle paraît très sage, Wonder-Mégane n'a peur de rien. Pas même de la nourriture de mon père… Le fait qu'elle accepte de venir souper à la maison chaque samedi est sûrement une des plus belles preuves d'amitié que j'aie jamais reçues. C'est triste à dire, mais

mon père a beau être sympathique, doté d'une intelligence incroyable et tout, il cuisine comme un pied. C'est quand même pathétique, avoir une mère déserteuse et un père qui ne sait pas cuisiner. On aurait pu croire qu'en tant que « monoparental », papa s'habituerait à cuisiner, qu'il développerait un certain talent, mais non ! Quand on a un prénom comme le mien, des parents comme les miens et des histoires comme celles qui m'arrivent, on ne peut jamais compter sur la chance… C'est peut-être la seule étiquette que papa n'a jamais pensé à m'appliquer : Lorian Loubier, sous-alimenté.

Ce soir, au menu, le très pratique spaghetti à la viande, que j'ai la chance *(la chance ?)* de manger au moins deux fois par semaine. La

sauce, passe encore : papa l'achète toute faite. Il aurait pu la faire chauffer un peu plus, mais bon. Par contre, les spaghettis sont à moitié cuits. Au menu, donc : des pâtes non cuites avec de la sauce tiède… Quel festin ! Mégane semble ne rien remarquer et dévore avec appétit. Pas étonnant que mon père l'aime autant !

– Ce soir, lance soudain papa, nous aurons de la visite.

La visite est plutôt rare chez nous. À moins que papa ne se mette à recevoir des patients à la maison… Je ne serais pas trop étonné, à voir le nombre d'appels téléphoniques que mon père reçoit le samedi et le dimanche et le nombre d'heures qu'il passe au bureau la semaine.

– Est-ce que Lorian t'a parlé du docteur Jean Morin ? demande

papa à Mégane.

–À peine, répond mon amie d'un ton qui me semble *un peu* ironique.

–Eh bien, croyez-le ou non, j'ai réussi à convaincre le docteur Morin d'accepter mon projet ! lance papa d'un ton très enthousiaste. J'écrirai sa biographie. Il faudra probablement se voir souvent : il doit me remettre les lettres qu'il a reçues, les livres qu'il a publiés, me raconter ce qu'il a vécu, ce qu'il pense, ce qu'il est... Ensuite, j'écrirai sa vie.

–Et pourquoi tu ne l'as pas invité à souper ?

–Je l'ai invité, Lorian, mais il ne pouvait pas : il donnait une conférence. Il nous rejoindra plus tard, pour le dessert.

Une conférence, un samedi après-midi ? Charmante excuse, oui ! Mal-

gré toutes ses connaissances et son intelligence, quel grand naïf c'est, mon père ! Pendant que je me dis que le docteur Morin a trouvé un excellent prétexte pour ne pas affronter la cuisine de mon père une deuxième fois en une semaine, papa se lance dans l'histoire détaillée de la vie exaltante du docteur Morin. C'est à se demander pourquoi il doit le rencontrer pour écrire son livre : je suis sûr qu'il connaît des détails de la vie de Jean Morin que ce dernier doit lui-même avoir oubliés ! Mais papa est si enthousiaste que nous ne pouvons que l'écouter attentivement, Mégane et moi.

– Le docteur Morin, intervient Mégane d'une voix taquine, c'est bien celui que Lorian a pris pour un sans-abri ?

Mon père rougit un peu à ce souvenir.

–L'apparence ne compte pas pour Jean Morin, répond-il dignement. Il n'y a que l'intérieur qui soit essentiel. Bon! ajoute-t-il en se levant. Il reste des pâtes et de la sauce pour tout le monde. Vous en voulez une deuxième assiette?

• • •

Heureusement, la sonnette nous évite de répondre à cette question. Je me précipite vers la porte. J'ai hâte de revoir le docteur Morin. Mégane me suit au pas de course: elle a bien envie de rencontrer cet homme dont je lui ai parlé toute la semaine. Un peu essoufflé, j'ouvre la porte d'entrée... et je reste bouche bée.

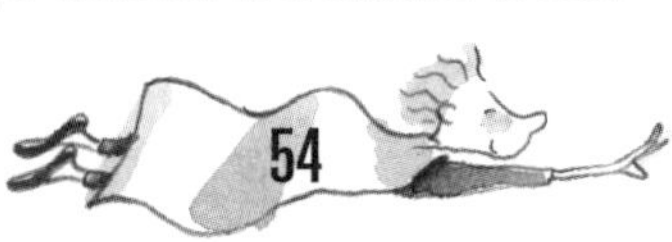

L'homme devant moi est bien le docteur Morin. Je reconnais sa longue, longue silhouette, son dos un peu voûté, comme s'il craignait que ses cheveux ne s'accrochent aux étoiles. Mais en même temps, ce n'est pas le docteur Morin de mon souvenir : ses longs cheveux blancs sont sagement attachés, il porte un complet noir sur une chemise blanche impeccable. Il est très, très élégant. Même sa barbe blanche frisée semble moins indisciplinée. Le docteur remarque mon regard étonné :

– Salut, Lorian ! J'arrive d'une conférence, explique-t-il en pointant son complet du doigt.

Derrière moi, la petite Mégane a les joues toutes rouges. Je retrouve enfin l'usage de la parole et la présente à Jean Morin.

–Enchanté, dit celui-ci de sa voix très grave en penchant son long, long corps pour embrasser la main de mon amie, qui rougit encore plus, même si je ne pensais pas la chose possible.

Mon père engage une discussion avec son invité. Mégane s'approche de moi et me souffle à l'oreille :

– Lorian, c'est *ça*, l'idée que tu te fais d'un sans-abri ?

Sans me laisser le temps de répondre, elle s'éloigne, les yeux fixés sur le grand docteur. La petite Mégane ne m'a jamais regardé avec d'aussi grands yeux… Maintenant, je comprends pourquoi tant de garçons de ma classe veulent devenir médecins : visiblement, les docteurs ont beaucoup plus de succès auprès des filles que les superhéros.

• • •

Nous avons pris le dessert tous les quatre. Mégane buvait les paroles de Jean Morin, rougissait dès

qu'il lui parlait directement, faisait de grands signes de tête quand il déclarait qu'il ne fallait jamais rejeter les autres, quelles que soient leurs différences… Encore ce soir, je suis fasciné par le docteur, mais ce n'est pas pour les mêmes raisons que Mégane. Quand il parle, sa voix est si douce et grave qu'il pourrait hypnotiser n'importe qui, j'en suis sûr. Il arriverait à faire croire à un chef cuisinier que la cuisine de mon père est délicieuse. En travaillant très fort, il pourrait me convaincre que la belle Zoé n'est pas si belle, en fait. Et je suis même sûr qu'il arriverait à faire sourire madame Filion, ce qui n'est pas peu dire. Sans parler de ses yeux… Quand il nous regarde avec ses yeux très clairs, il donne envie d'accomplir de

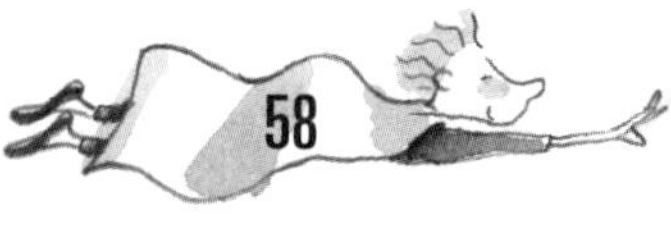

grandes actions. On voudrait qu'il soit fier de nous. Je l'admire beaucoup. Et Mégane l'adore, visiblement.

Mon père et le docteur Morin sont en grande discussion depuis plus de deux heures déjà, et la petite Mégane jette sans arrêt des coups d'œil vers la porte du bureau. Je suis certain qu'elle attend que celle-ci s'ouvre toute grande pour laisser passer le charmant docteur. Ce qui est bien, au moins, c'est qu'elle semble soudain plus intéressée par mes projets...

–Il faut agir, Lorian ! On ne peut pas laisser les gens rejeter tout ce qui est différent. Le docteur Morin a dit que, si tout le monde était pareil, la société ne progresserait pas et que...

J'interromps mon amie :

– Vraiment, il a dit ça ?

Je peux bien la taquiner à mon tour à propos du docteur ; elle ne s'est pas gênée pour le faire toute la semaine, elle !

– Bon, soyons concrets, Mégane. De l'action ! Que peut-on faire pour changer les choses ?

– On pourrait faire de grandes affiches et en mettre partout dans l'école et dans le quartier, propose-t-elle.

– Oui, et on écrirait : « À bas la différence ! »

Pendant quelques instants, nous réfléchissons puis, exactement en même temps, nous murmurons :

– Non, ça ne marchera pas…

– Le message n'est pas assez clair, explique Mégane. Les gens vont regarder nos affiches distraitement et

continuer leur chemin sans rien comprendre.

– Sans compter que les affiches peuvent être mal interprétées... Les gens peuvent penser qu'on ne veut plus de différence, qu'on désire que tout le monde soit pareil. Il y aura plus de ségrégation encore.

Nous nous taisons de nouveau et nous continuons à réfléchir. Mégane regarde la porte du bureau, puis sa montre. La porte du bureau, puis encore sa montre. Elle m'étourdit !

– J'ai trouvé ! s'exclame-t-elle soudain. Une grève de la faim ! Tous ceux qui défendent une grande cause font une grève de la faim.

Je pense à ce que mon père me fait manger et je me dis qu'au fond, ce ne serait pas une grande perte... Mais je pense aussi aux repas de la cafétéria,

à la nourriture délicieuse que me servent les parents de Mégane, aux gâteries que papa m'achète pour compenser ses repas, et mon estomac proteste. Non, pas une grève de la faim… J'explique à Mégane :

–Nous sommes trop jeunes. Notre corps se développe, tu sais bien ; on prendrait de gros risques en le privant de nourriture. Pourquoi pas une grève, tout simplement ? Une grève de cours ?

–Tu penses que la société changera si on ne va pas à nos cours ? Si deux élèves sur trois cents font la grève à l'école ? Moi, je pense que tout ce qu'on obtiendra, c'est une retenue de la Filion et une bonne dispute avec nos parents.

–Mégane a raison, intervient soudain une voix grave.

Le docteur Morin ! D'où sort-il ? Je ne l'ai pas du tout entendu venir. Et Mégane non plus, visiblement. Chaque petit bout de sa peau devient rouge vif : son visage, son cou, et même ses mains. Je parierais que chacun de ses orteils est tout aussi rouge.

– Pour changer la société, poursuit le docteur, il faut d'abord faire de petites choses : aller parler à ceux qui sont seuls à l'école, défendre ceux qui se font bousculer ou insulter… Les grands projets sont beaux, mais plus difficiles à réaliser.

Mégane fait de si grands oui de la tête qu'elle risque de s'envoler si elle continue. Je crois que je devrais apprendre à parler comme le docteur Morin ; si ça impressionne tant Mégane, on ne sait jamais, je réussirai peut-être à séduire la belle

Zoé… Jean Morin jette un œil à sa montre et lance :

–Je dois partir, mais on continuera cette discussion une autre fois, c'est promis ! Mégane, veux-tu que je te dépose ?

J'espère que mon amie ne s'évanouira pas devant cette proposition… Au moins, une chose me rassure : elle ne peut pas rougir davantage. Il n'y a pas un centimètre de sa peau qui ne soit déjà rouge homard.

Mais il y a un hic : j'aime bien aller reconduire mon acolyte, moi, le samedi soir. J'adore marcher tranquillement dans les rues du quartier en discutant avec elle de mille et une choses, de notre prochaine mission, de nos superhéros préférés. Je ne sais pas comment expliquer tout

ça au docteur en quelques mots. Heureusement, mon père vient à ma rescousse. Il me lance un clin d'œil et dit au docteur:

– Merci, docteur Morin, mais Lorian s'en occupe. Ça fait partie de la tradition du samedi.

– Oh! il ne faut surtout pas briser les belles traditions! Bonne fin de soirée, alors, lance joyeusement le docteur en s'éloignant.

Je remercie mon père intérieurement. C'est parfois embêtant d'avoir un père psychanalyste qui interprète dans les moindres détails chacune de mes paroles et chacun de mes gestes mais, cette fois, j'en suis ravi!

Mégane et moi, nous partons de la maison. Finalement, j'aurais peut-être dû laisser Jean Morin raccompagner mon amie. Apparemment,

Mégane peut supporter les retenues non méritées, elle peut même supporter les spaghettis de mon père, mais manquer un tête-à-tête avec le beau docteur Morin, elle le prend vraiment mal... La petite Mégane est en colère. Elle ne desserre pas les dents de tout le trajet. Pas un seul mot. Tant pis pour les longues discussions du samedi... Et tant pis pour les belles traditions !

Chapitre 5

J'arrive à l'école un peu anxieux: j'espère que la petite Mégane n'est plus en colère contre moi. Je balaie la cour du regard: pas de Mégane à l'horizon. Peut-être que l'émotion a été trop forte et qu'elle est dans le coma depuis le rendez-vous raté de samedi? Peut-être que, comme la Belle au bois dormant, elle attend un baiser du charmant docteur pour la réveiller? Peut-être aussi que…

Oh! une bousculade au fond de la cour attire soudain mon attention et m'enlève toute envie de faire des

blagues. D'après ce que je peux voir d'ici, le petit Alexandre est pris à partie par le grand Robert Billy Bolduc. Ce dernier est une vraie brute, redoutée de tous. Il est deux fois plus grand et plus fort que tous les autres garçons de sixième. Même moi, qui veux devenir superhéros, je le crains... Il faut dire que je ne suis ni très gros ni très grand... Mais Alexandre est encore plus petit et plus mince que moi ; le grand Bolduc va l'aplatir comme une crêpe !

C'est une mission pour Super-Lorian ! Voilà l'occasion rêvée de montrer à tous que, sous mon œil vigilant, aucune persécution ne sera tolérée ! Mais j'y pense... Ma dernière expérience avec Alexandre n'a pas été très réussie : peut-être que

le grand Bolduc et lui répètent un numéro pour le spectacle de fin d'année ? Avant de me jeter dans la mêlée, je m'approche discrètement pour voir de quoi il est question.

Je m'avance nonchalamment, les mains dans les poches, en sifflotant, mine de rien. Le grand Bolduc tient Alexandre par le collet et il lui crie des injures. Ils répètent peut-être la même scène que la dernière fois ? Mais pas de Zoé – la plus belle fille de la classe – ni d'Emmanuel en vue... Soudain, quelqu'un arrive près de moi comme une flèche :

– Qu'est-ce que tu fais, Lorian ? lance Mégane, essoufflée, les joues rouges, les sourcils froncés. Tu laisses tomber Alexandre ? Le courageux Super-Lorian a peur de défendre les persécutés, maintenant ?

–Mais je… j'allais justement… je vais…

Je bredouille pour expliquer mon attitude à Mégane, mais elle ne m'écoute même pas. En colère, elle crie :

–Allez, Lorian ! À la rescousse ! À bas l'injustice !

Mégane a raison. D'après l'air terrorisant du grand Bolduc et l'air terrorisé du petit Alexandre, s'ils répètent pour le spectacle, ce sont les meilleurs acteurs que j'aie jamais vus. Courage, Super-Lorian !

Sans plus réfléchir, je m'élance vers eux. Je crie :

–Robert Billy Bolduc ! Laisse Alexandre tranquille ! C'est un ordre.

Le grand Bolduc se tourne vers moi en rigolant. Il est vraiment grand. Vraiment très, très grand. Un peu

moins que le docteur Morin, évidemment, mais beaucoup plus terrifiant. J'ai presque envie de dire: «Bon, on oublie ça, les gars. Vous faites ce que vous voulez, hein?» Mais, premièrement, la petite Mégane est derrière moi et me crie: «Vas-y, Lorian!» Deuxièmement, si je veux devenir superhéros, je dois être courageux et ne reculer devant rien ni personne. Et troisièmement, il y a quelques jours, j'ai dit qu'Alexandre était un petit roux pas très joli et qu'il était *peut-être* intéressant quand on le connaît. Alors j'aimerais bien me racheter un peu... Je reprends avec plus de conviction encore:

–Fiche-lui la paix! Tout de suite!

–C'est toi qui vas m'empêcher de le frapper, peut-être? interroge le grand Bolduc en riant. Et comment

tu vas t'y prendre ? Tu caches une armée derrière toi ? Tu as amené tes petits soldats de plomb ?

Il fait mine de regarder par-dessus mon épaule, voit Mégane tout essoufflée et continue :

– Mais non, pas de soldats ! Il a emmené sa petite amie pour le protéger... Tu n'as pas honte, Lorian ?

Et il se retourne vers Alexandre sans plus s'occuper de moi, en disant :

–Bon, si on revenait à nos moutons ?

Il serre les doigts, ferme le poing. Je suis prêt à parier que son poing est plus gros que ma tête. Mais le moment est mal choisi pour les paris... Mégane s'écrie :

– Lorian ! On ne va pas le laisser faire !

Et elle fonce vers le grand Bolduc. La petite Mégane n'a peur de rien, je le sais bien, mais Bolduc fait au moins deux fois sa taille. Il va la démolir. Je ne peux pas rester là à ne rien faire. Bien décidé à porter secours à mon acolyte, je me lance dans la mêlée. J'arrive juste à temps pour empêcher Mégane de se jeter sur Robert Billy Bolduc. Je crie à mon amie :

–Laisse tomber, Wonder-Mégane ! Super-Lorian s'occupe de tout !

Je serre les poings à mon tour et je me jette entre Robert Billy Bolduc et Alexandre. Je suis peut-être maladroit et très mauvais bagarreur, mais je suis courageux, qu'on se le dise ! Je prends une grande inspiration, puis je lève le poing vers le visage de Bolduc… juste au moment

où son poing se dirige vers le nez d'Alexandre. Je reçois le coup en plein sur la bouche. Pas possible ! Ce n'est pas un humain, c'est un robot ! Une machine ! Je chancelle et des dizaines de petites étoiles apparaissent devant mes yeux. J'entends Mégane crier :

– Lorian ! Ça va ?

Mes genoux n'ont plus la force de me tenir debout. Je tombe sur le gravier de la cour. Quelques gouttes de sang tombent en même temps que moi. Je sens mes lèvres enfler, doubler de volume.

La petite Mégane semble complètement enragée. Elle se jette sans hésiter sur le grand Bolduc, qui ne s'y attendait pas du tout et se retrouve assis par terre sous le choc. Vraiment, Wonder-Mégane n'a pas

froid aux yeux ! Quelle complice extraordinaire ! Tout à coup, une voix sévère s'élève dans mon dos et met fin à la bataille :

– Qu'est-ce qui se passe ici ?

Oh non ! La directrice ! Évidemment, quand on s'appelle Lorian, qu'on a un père psychanalyste, une mère absente et toute la malchance du monde collée sur les épaules, il faut toujours s'attendre au pire… Je devrais être habitué, pourtant.

– Pas de bagarre dans la cour d'école ! Je l'ai dit et répété toute l'année. Les règlements n'ont pas changé parce qu'il reste seulement quelques jours de classe. Allez, suivez-moi dans mon bureau, tous les quatre. Tout de suite.

J'essaie de protester, mais mes lèvres sont si enflées que j'ai du mal à parler :

– Mais, madame Filion, ce n'est pas ce que vous pensez…

La directrice jette un œil sceptique sur la scène : le grand Bolduc est assis par terre, Alexandre est debout à ses côtés, pâle comme un fantôme. Mégane se tient devant eux, les joues rouges comme si le docteur Morin était dans les parages, et moi, je suis agenouillé à côté d'elle, la bouche en sang.

–Je ne sais pas pourquoi, jeune homme, lance la directrice d'un ton ironique, mais j'étais sûre que vous diriez cela. Allez, suivez-moi.

Pas de chance. La semaine commence exactement comme l'autre s'est terminée.

Chapitre 6

La directrice nous a vus en train de nous battre, Robert Billy Bolduc, Mégane et moi. Seul Alexandre a été épargné et n'a pas de retenue. Tant mieux pour lui. Mais nous voici de nouveau assis devant madame Filion après les heures de classe, en train d'écrire, cette fois : « Je ne me battrai plus dans la cour de l'école. » De temps à autre, je jette un regard hargneux vers le grand Bolduc. Tout est de sa faute.

Il me semble tout à coup entendre une petite voix dans ma tête, une voix grave et chaude que je commence à bien connaître, maintenant : celle du docteur Morin. J'essaie de me rappeler ce qu'il disait samedi soir : « Au lieu de juger les autres, on doit essayer de les comprendre. Essayer de voir, par exemple, pourquoi un enfant est violent. Comment a-t-il été éduqué ? Quelles valeurs lui a-t-on transmises ? » Ma propre voix répond au docteur : « Mais ça ne justifie pas tout. On ne peut pas toujours pardonner aux personnes violentes, même si tout n'est pas de leur faute. » La voix grave reprend : « On peut au moins les aider à changer, leur faire connaître autre chose. »

J'ai l'impression qu'un petit docteur Morin, vêtu d'une robe blanche, ses longs cheveux blancs flottant sur son dos, une auréole au-dessus de

la tête, est sagement assis sur mon épaule droite. Sur la gauche, un petit Super-Lorian avec des cornes proteste. Je jette un nouveau coup d'œil au grand Bolduc : au fond, peut-être est-il très malheureux ? Décidément, ce docteur Morin est tout un personnage ! Sans rien dire, sans même être là, il arrive à me faire changer d'opinion sur Robert Billy Bolduc !

J'écris enfin pour la centième et dernière fois : « Je ne me battrai plus dans la cour de l'école », je remets ma copie à la directrice et je sors. Je reste dans le corridor ; Mégane ne devrait pas tarder. En effet, la porte s'ouvre… mais c'est le grand Bolduc qui sort. Il me regarde d'un air étrange ; je me demande presque s'il y a réellement un ange et un petit diable assis sur mes épaules et si

Robert Billy les voit. En s'avançant vers moi, il dit d'une voix hésitante:

–Je... je voulais te dire...

Sur mon épaule gauche, Super-Lorian avec des cornes murmure dans mon oreille, d'une voix tremblotante: «Tu vas voir: il te dira de sortir dans la cour d'école; il va te régler ton compte!» Je jette un regard sur le petit diable et je lui dis d'un ton excédé:

–Bon, ça suffit!

–Quoi? demande le grand Bolduc.

Oups! J'ai parlé à voix haute... Je bredouille:

–Rien, rien... Je... je réfléchissais tout haut.

–Ah bon. Je voulais juste te dire, Lorian, que je m'excuse pour le coup de poing sur la bouche. Ce n'était pas toi que je visais.

L'ange aux cheveux blancs frappe dans ses mains et s'écrie : « Je le savais, mon grand ! » Je regarde mon épaule droite et je lui dis :

– Vraiment ? Tu le savais ?

Devant moi, le grand Bolduc fronce les sourcils et répond :

– Eh bien... pas vraiment, non. Je ne savais pas que j'allais te frapper, toi. D'habitude, je ne rate jamais mon coup. Je visais Alexandre...

Sur mon épaule gauche, le petit Lorian cornu murmure : « On dit ça, on dit ça... S'il fallait croire tout ce que les brutes racontent ! » J'éclate de rire.

Robert Billy Bolduc me regarde d'un air intrigué. Il demande :

– Tu trouves ça drôle que je veuille frapper Alexandre ?

– *Quoi* ? Pas du tout ! Je ne vois

rien de drôle là-dedans.

–Mais… mais tu riais.

Je pointe mon épaule gauche en disant :

–C'est l'autre, là, avec les cornes, qui me fait rire !

Et je me dirige tranquillement vers la porte de sortie pour attendre Mégane dans la cour. Le grand Bolduc me rejoint, les yeux en forme de points d'interrogation, la main dans les cheveux et l'air perplexe.

–Je t'ai toujours trouvé bizarre, Lorian, comme tout le monde dans l'école, j'imagine. Mais je ne savais pas que tu parlais tout seul et que tu voyais des personnages avec des cornes. C'est pire que je pensais. Je n'aurais pas cru que tu pouvais être aussi étrange. Aussi différent.

Je m'arrête pour le regarder droit

dans les yeux et je lui dis, d'un ton ému :

– Merci, Robert Billy. C'est vraiment un très beau compliment. Je suis ravi que tu me trouves différent.

Je laisse Robert Billy Bolduc muet de stupeur, les yeux grands ouverts, la bouche entrouverte comme un poisson. Je poursuis ma route en sifflotant. Sur mon épaule droite, le docteur Morin sourit aux anges. Sur la gauche, le Lorian cornu boude un peu. Il aurait préféré plus d'action.

Chapitre 7

Plus que deux jours de classe, et Mégane et moi n'avons toujours pas réussi à trouver l'idée géniale qui mettra fin à la ségrégation dans notre école. Au moins, nous avons réussi à éviter les retenues...

Assis dans la cuisine, nous cherchons et cherchons encore l'Idée avec un grand I. Quel superhéros minable je fais ! Je n'arrive même pas à trouver une solution pour mettre fin à la ségrégation dans mon école. Avant que je puisse m'attaquer à la ségrégation dans

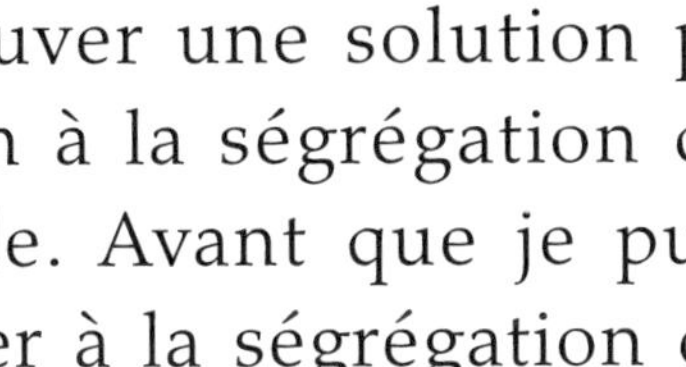

ma ville, dans mon pays et même dans le monde entier, j'ai encore des croûtes à manger... Mon père, très occupé à bien brûler les boulettes de steak haché qu'il prépare pour le souper, ne peut pourtant s'empêcher de nous écouter parler et de proposer des idées. Depuis quelque temps, c'est devenu une idée fixe : il veut que j'utilise mon imagination de façon efficace. Il s'exclame soudain :

–Pourquoi ne pas profiter du spectacle de fin d'année pour passer votre message ? Tout le monde sera là : les parents, les professeurs, les élèves...

Ah non ! Pas le spectacle de fin d'année ! Il m'a déjà attiré assez d'ennuis... Et puis, je déteste me donner en spectacle. Je le fais déjà

assez souvent sans le vouloir.

– Mais oui ! approuve Mégane avec enthousiasme. On propose à madame Filion un numéro. Même si on est un peu à la dernière minute, je suis sûre qu'elle sera contente qu'on s'implique !

Si la petite Mégane s'en mêle en plus… Je grommelle :

– À moins qu'elle ne nous oblige à copier à cent reprises : « Je préparerai le spectacle de fin d'année plus tôt la prochaine fois… »

Mégane et mon père ignorent mon commentaire. Ils semblent tout à fait décidés. Papa tient sa spatule comme s'il s'agissait d'un micro et se met à improviser une chanson qui parle de la différence. Mégane tape des mains et saute sur place d'excitation. Les boulettes de steak,

elles, brûlent tranquillement sans que personne ne s'en formalise, à part moi. Sous le coup de l'enthousiasme, papa s'écrie :

– Attendez, je vais chercher ma guitare et on compose un petit quelque chose tous ensemble !

Il s'élance vers son bureau, le tablier au vent, la spatule dans les mains, le souper négligemment oublié sur le feu.

Mégane, les yeux brillants, propose :

– Le mieux, c'est de faire un rap. C'est parfait pour dénoncer les injustices sociales.

Je me laisse peu à peu gagner par l'enthousiasme. Je propose quelques paroles, que j'écris au fur et à mesure :

– Le rejet, on n'en veut pas.

La bagarre, on n'en veut pas.

À bas la différence, à bas, à bas...

Mégane sautille toujours d'excitation :

– Oui, Lorian ! Génial !

Elle fait quelques pas de rap et, ma parole, je suis étonné : elle se débrouille très bien. La catastrophe arrive quand mon amie ouvre la bouche pour chanter.

Elle a une voix... une voix... Aucun adjectif n'a été inventé pour décrire une voix si épouvantable ! À côté de cette voix, le grincement des ongles sur un tableau, c'est de la musique divine. À côté de cette voix, même le chant d'une corneille sonnerait comme celui d'une fée. Jamais on ne pourra présenter un rap devant l'école. À moins d'annoncer un numéro d'humour. Et encore, personne ne croira que c'est naturel, une voix pareille ! Ils vont penser qu'on a trafiqué les cordes vocales, ou quelque chose du genre.

Soudain, papa arrive dans la pièce en courant, sa guitare dans une main, la spatule dans l'autre, et il se met à crier :

– Ça y est ! J'ai encore brûlé les boulettes ! Le détecteur de fumée n'arrête pas de hurler ! Enlève la pile, Lorian !

Avec beaucoup d'efforts, je retire un doigt de mes oreilles pour attirer l'attention de mon père sur le détecteur de fumée, qui pend au plafond, ouvert, sans pile. Je l'avais enlevée avant les préparatifs du souper, convaincu par une longue expérience que les boulettes seraient carbonisées.

C'est alors que papa aperçoit la petite Mégane, très concentrée, en train de danser, les yeux fixés sur la feuille des paroles. C'est plus fort que lui, il éclate de rire. Mégane lève les yeux vers lui et se tait immédiatement. Papa est écroulé de rire sur la table. Ses épaules sursautent et la guitare heurte chaque fois le plancher. Il ne s'aperçoit de rien; il

ne se rend même pas compte que mon amie a arrêté de chanter et qu'elle le regarde avec des yeux remplis de larmes. Papa est convaincu que Mégane faisait exprès de chanter faux. Il rit et rit encore en balbutiant :

– Comm... comment tu fais ça ? C'est... c'est excellent ! Quelle bonne idée ! L'humour, c'est toujours un succès assuré ! Mais il faudra que tu me donnes ton truc. Je n'en reviens pas...

Et il rit de plus belle. Il faut vraiment qu'il soit sous le choc, lui qui est si gentil avec Mégane habituellement. Des larmes coulent doucement sur les joues de mon amie. J'ai envie de me précipiter vers elle pour la réconforter quand, du coin de l'œil, j'aperçois une fumée noire et dense

qui s'élève de la poêle où gisent les misérables boulettes. Je suis déchiré entre l'envie de courir au secours de mon amie et la nécessité d'éviter un incendie. La sonnette de la porte met fin à mon dilemme : j'abandonne tout dans la cuisine et je cours ouvrir.

Le long docteur Morin me salue d'une révérence et demande de sa voix grave si mon père est prêt pour leur rendez-vous. Je lui indique la cuisine du doigt. Il n'a qu'à suivre les hurlements de mon père pour le trouver… Le docteur entre dans la cuisine et, très calme, comme toujours, va au plus pressé. Voyant le désarroi de Mégane, il s'approche d'elle, l'embrasse sur la joue et lui adresse quelques mots. En un instant, mon amie retrouve le sourire. Il faudra vraiment que le docteur me donne son truc pour parler aux filles, un de ces jours. Puis, d'un pas tranquille, Jean Morin va éteindre le petit désastre qui couve dans la poêle et il jette les boulettes à la poubelle. Enfin, il tape sur l'épaule de mon père, qui n'en revient toujours pas, il lui enlève son tablier, dépose guitare et spatule sur la table et hop ! nous voilà partis manger au restaurant avec lui.

Béni soit le docteur Morin.

Chapitre 8

Le souper était fantastique ! Quand nous lui avons parlé de notre projet, le docteur Morin a trouvé que c'était une très bonne idée de profiter du spectacle de fin d'année pour passer notre message. De retour à la maison, une insistante odeur de boulettes brûlées nous accueille. Pendant que papa et le docteur s'enferment dans le bureau pour travailler sur leur projet de biographie, Mégane et moi cherchons toujours l'Idée avec un grand I.

Mon amie et moi parlons d'abord

de distribuer des tracts. Des petits signets sur lesquels on écrirait: « À bas la différence ! » Mais Mégane n'est pas convaincue:

– Les gens vont sûrement laisser ces papiers traîner partout. Comme nous sommes déjà sur la liste noire de la directrice, autant éviter les problèmes et laisser un bon souvenir de notre passage dans cette école.

Elle n'a pas tort. Je n'ai pas envie d'être obligé d'écrire cent fois: « Je ne donnerai plus de signets que les gens laissent traîner partout dans l'école. » Mais il y a plus encore: deux cents élèves assisteront au spectacle. Si les deux parents de chaque enfant sont présents, il faudra préparer... *six cents* signets ! Quel travail !

–Il faut trouver quelque chose de plus facile à faire. Quelque chose qui retiendra l'attention de tous, dit Mégane.

–Je pense que, si tu chantais, nous aurions immédiatement l'attention de tout le monde…

Mégane ne rit pas. Elle ne sourit même pas. Ses joues deviennent toutes rouges. Elle doit penser à mon père écroulé de rire sur la table.

–Et si on faisait une banderole ? propose-t-elle après quelques secondes de silence embarrassé.

– GÉNIAL ! Tu es vraiment la meilleure, Wonder-Mégane !

J'imagine déjà la scène. Après l'entracte, le rideau s'ouvrira sur une immense banderole sur laquelle tous liront notre message en grosses lettres : « À bas la différence ! »

Simple et efficace. Plus d'actions que de paroles. Tout à fait ce que Super-Lorian aime, quoi ! Et les gens seront tous assis devant la banderole, donc obligés de la regarder. Ce n'est pas comme installer une affiche en pleine ville à laquelle personne ne prêtera attention.

Je cours chercher de grands cartons que nous collons ensemble. La banderole est très longue. Elle va de la cuisine au fin fond du salon. Munis de gros marqueurs, nous nous mettons au travail. D'un commun accord, nous avons décidé de changer le message. Quelque chose n'allait pas dans « À bas la différence ! » Il ne faut surtout pas que les spectateurs pensent que nous sommes contre la différence. Au contraire, nous voulons que tous

acceptent et aiment ce qui est différent. Notre message sera beaucoup plus efficace. Concentrés, nous traçons les grosses lettres une à une avec application.

– C'est tout de même dommage pour la chanson, glisse soudain Mégane timidement. Je l'aimais bien.

Elle garde le silence quelques instants, puis murmure :

– Je ne suis pas comme toi, Lorian. J'admire les superhéros, mais ce n'est pas ce que je veux être dans la vie. Mon rêve, c'est de chanter. Mais je ne vois pas comment j'y arriverai…

Je reste bouche bée. Je ne sais pas comment réconforter la petite Mégane. Je me sens comme si mon père m'annonçait qu'il veut travailler

comme chef cuisinier dans un grand restaurant. Mégane fausse tellement que le bruit des instruments du dentiste est apaisant, si on compare. Dois-je dire la vérité à ma complice ? Entre superhéros, doit-on être absolument honnêtes ? Ou dois-je l'encourager à poursuivre son rêve ?

Mon amie continue :

– Tu imagines : être sur scène, devant des centaines de personnes qui connaissent les paroles de tes chansons par cœur…

Mégane se lève, les yeux perdus au loin, comme si elle voyait déjà tous ces spectateurs devant elle. Elle en oublie même la scène de tout à l'heure et le fou rire de mon père. La voilà perdue dans ses projets, dans ses beaux rêves. Elle utilise son marqueur comme un micro et se met à chanter :

– Le rejet, on n'en veut pas.

La bagarre, on n'en veut pas.

Elle semble très concentrée et esquisse quelques pas de danse. Elle ne réagit même pas lorsque la porte du bureau s'ouvre, elle qui guette habituellement le moindre signe de vie du charmant docteur. Elle continue à chanter, en prenant de plus en plus d'assurance. Ce qui n'était qu'un petit filet de voix au début est devenu une véritable sirène. Je me retiens désespérément pour ne pas plaquer mes mains sur mes oreilles. Sois poli, Lorian, sois poli. Ce n'est qu'un mauvais moment à passer.

La voix du docteur Morin me parvient soudain à travers une avalanche de fausses notes :

– Lorian ! On dirait que votre détecteur de fumée crie ! Veux-tu enlever les piles ?

Mon amie se tait d'un coup. En trois secondes et demie, elle devient rouge tomate. C'est sûrement son record à vie. Le docteur ne sait probablement pas qu'il vient de briser un rêve. De le réduire en

mille petites miettes. Le silence s'installe dans la pièce, lourd, aussi lourd que Robert Billy Bolduc. Alors, Jean Morin lance d'un ton joyeux :

– Ouf ! merci, Lorian ! Ça fait du bien. On devrait interdire les détecteurs aussi stridents. C'est inhumain.

Chapitre 9

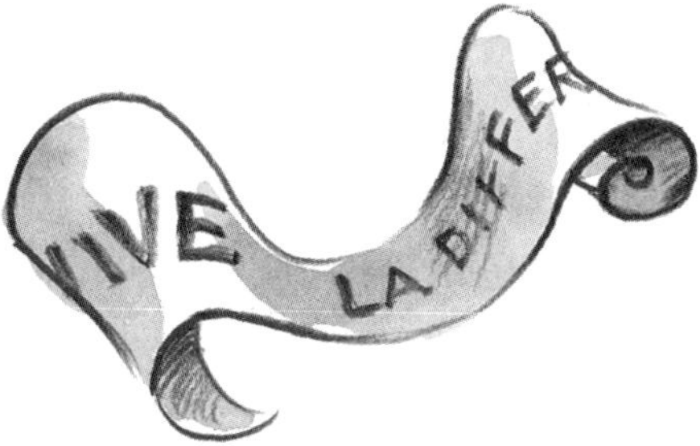

Nous y voilà: c'est le jour J. Ou plutôt, le soir S! Papa, assis à côté de moi, semble nerveux:

–Tu es sûr que vous voulez participer au spectacle, Lorian? Vous… vous…

J'ai dit à mon père que nous avions préparé une surprise pour le spectacle. Il a tellement insisté pour que j'y participe que je ne comprends pas ce qu'il a soudain à s'inquiéter. Il continue:

–Vous… vous n'allez pas chanter, tout de même?

Je comprends enfin ce qui l'inquiète tant : j'ai expliqué à papa que Mégane chantait *vraiment* ainsi, que ce n'était pas de l'humour. Il doit avoir peur de ne pouvoir retenir son fou rire si mon amie se remet à chanter.

La première partie du spectacle est terminée. À nous de jouer, maintenant ! Wonder-Mégane et Super-Lorian passent à l'action. Je rassure mon père vite fait en lui promettant qu'on ne chantera pas et, dès que les lumières de la salle s'allument, je rejoins Mégane. Nous nous faufilons dans les coulisses en soulevant un lourd rideau de velours. Des élèves se promènent partout : certains se maquillent, répètent leur rôle ou parlent sans arrêt à cause de la nervosité. D'autres, au contraire, se tiennent tout seuls dans leur coin, silencieux. Ils sont tous trop occupés pour nous prêter attention.

Je porte ma banderole roulée sous le bras ; Mégane a glissé dans les poches de sa veste du papier collant et de la corde. Nous nous dirigeons droit vers la scène, le cœur battant. Pour que l'effet de surprise soit réussi, nous n'avons mis personne au courant de notre projet. Sur la scène, la noirceur est presque totale. Seul un mince filet de lumière jaillit sous le rideau. Mégane murmure :

–Nous devons faire vite, Lorian. Nous avons quinze minutes.

Dans la salle, j'entends des gens qui discutent, des rires qui s'élèvent. Derrière le rideau, je n'entends que mon cœur qui bat à tout rompre. Je tente de me calmer en prenant une grande inspiration.

La petite Mégane, très calme, s'est emparée de la banderole et l'a déroulée. Elle pointe un crochet à mi-hauteur du mur :

–Le mieux est d'attacher la banderole là, avec de la corde. Tiens, je vais approcher cette table qui fait partie du décor et tu pourras grimper dessus.

J'ai du mal à avaler. Deux grosses gouttes de sueur font du slalom sur mes tempes. Je fixe le mur d'un air hébété, comme s'il s'agissait de l'Everest. Mégane me jette un regard inquiet, puis elle éclate de rire :

–C'est vrai ! J'avais oublié que tu as le vertige, Lorian. Laisse, je vais y aller.

Et elle grimpe sur la table avec énergie. Elle tente d'accrocher la banderole, mais elle est trop petite. Elle me demande de bien tenir la table et se hisse sur la pointe des pieds, les bras tendus vers le crochet. Juste au moment où ses doigts effleurent le crochet en question, elle perd l'équilibre et tombe directement… sur moi. Je perds l'équilibre aussi et me retrouve assis par terre, la petite Mégane sur mes genoux.

J'entends des pas derrière moi. Je ferme les yeux, convaincu que la directrice va surgir et que je vais encore une fois lui répondre : « Ce n'est pas ce que vous pensez, madame Filion… » Mais non : la voix qui s'élève n'est pas celle de madame Filion. C'est une voix claire et jeune que je reconnais bien. Trop bien, même.

–Désolée, Lorian et Mégane, murmure la belle Zoé, je ne voulais pas vous déranger.

Et elle s'en va à toute vitesse.

Voilà. Quand on a un prénom comme le mien, une histoire comme la mienne et une malchance comme la mienne, à quoi s'attendre d'autre ?

La fille à qui je rêve depuis des années vient de m'apercevoir, dans la semi-noirceur, avec la petite Mégane sur mes genoux. Bravo, Lorian.

• • •

Dans la salle, les lumières clignotent deux ou trois fois pour indiquer que l'entracte achève. Et la fameuse banderole refuse toujours de tenir : le papier collant n'est pas assez fort, nous n'avons rien trouvé qui soit à une hauteur raisonnable pour y attacher la corde…

– Et si nous la tenions ? propose Mégane.

Pourquoi pas ? Au fond, elle est assez longue pour que nous restions dissimulés derrière le rideau et que l'attention de tous se porte vraiment sur le message.

Nous nous installons. Tout autour, les élèves circulent, s'approchent, préparent leur entrée en scène sans s'occuper de nous. Dans la salle, les murmures diminuent, puis s'éteignent complètement. Je n'ai pas un mot à dire et, pourtant, j'ai un trac fou ! Quel superhéros je fais ! Mes mains sont moites. Je tente de les essuyer sur mon pantalon mais... catastrophe ! La banderole m'échappe ! Elle me glisse des mains et, du coup, des cartons se détachent au centre.

Je m'élance en courant pour les recoller au moment précis où le rideau se lève. Aveuglé par les projecteurs, je fonce droit dans la table du décor. Je m'effondre sous le choc. Le rideau est maintenant complètement ouvert, et je suis seul, en plein

centre de la scène, affalé sur le plancher. Dans la salle, on pourrait entendre voler une mouche. Les spectateurs hésitent, ne sachant trop si je fais partie du spectacle et s'ils doivent applaudir.

Je me relève, toussote un peu pour camoufler ma gêne. Puis, je me dis en moi-même: «Allez, Lorian, si tu veux vraiment changer les choses, c'est maintenant ou jamais!» Alors je lance d'une voix peu assurée:

–Bonsoir, mesdames et messieurs.

Autour de la scène, les élèves se jettent des regards interrogateurs, se demandant sûrement ce que j'ai encore inventé! Je concentre toute mon attention sur la salle.

–Je suis ici pour… pour vous présenter une banderole que j'ai faite avec mon amie Mégane.

Je lui fais signe d'approcher. Mégane est si rouge qu'elle se fond presque aux rideaux de velours des coulisses.

Ensemble, nous recollons en vitesse les quelques cartons qui s'étaient détachés et nous déroulons la banderole. En grosses lettres, le message apparaît : « Vive la différence ! » Je reprends la parole, d'une voix un peu plus sûre cette fois :

– Nous pensions d'abord écrire « À bas la différence ! » Mais nous nous sommes rendu compte que… qu'au contraire, il faut aimer la différence. Si nous étions tous pareils, quel ennui !

Je pointe Robert Billy Bolduc, assis dans la première rangée, si grand que sa tête dépasse toutes les autres, parents inclus.

–Toi, par exemple, Robert Billy, tu t'imagines en premier de classe, avec de petites lunettes et des livres sous le bras ?

Tout le monde éclate de rire. À ma grande surprise, j'aime bien parler en public. Je poursuis avec enthousiasme :

–Ça ne t'irait pas du tout. Tu es une brute, c'est vrai, mais une brute capable de sentiments. Une brute qui s'excuse après avoir frappé quelqu'un involontairement… Et toi, Alexandre, tu as le courage de passer par-dessus ta timidité pour venir jouer dans une pièce, ce soir, devant tout le monde. C'est admirable, tu le sais ?

Quelques applaudissements jaillissent dans la salle. C'est exaltant. Décidément, j'y prends goût ! Je

parlerais bien ainsi toute la soirée, mais un spectacle attend.

– Toi, Mégane, sais-tu à quel point tu es courageuse ? Tu chantes atrocement mal, c'est vrai, mais quelle Wonder-Mégane tu fais !

Mégane devient encore plus rouge rideau, et les gens croulent de rire. Je conclus :

– Savez-vous ce qui me ferait plaisir, pour la fin de l'année ? Que chacun dise à son voisin pourquoi il l'apprécie, ce qui le distingue.

Un silence gêné suit mon invitation. Je suis peut-être allé un peu loin. Je suis sans doute d'une nature trop optimiste. Les yeux baissés, je hausse les épaules et je grommelle :

– Oubliez ça. Je… j'ai encore réussi à… à faire un fou de moi…

Je fais quelques pas pour quitter la

scène mais, tout à coup, la voix du grand Bolduc s'élève et freine mon élan :

–Non, tu n'es peut-être pas si fou que ça, Lorian !

Robert Billy Bolduc me sourit, se lève et se dirige vers Alexandre. Il lui tend la main et lui dit quelque chose que je ne peux entendre à cause de la distance. Mais le sourire d'Alexandre en dit long. Les parents regardent tout ça avec une émotion mêlée de surprise. Dans la cinquième rangée, mon père sourit fièrement, ému, les yeux brillants. Une main sur mon épaule me fait sursauter. La directrice ! Ça y est ; je vais encore me faire sermonner et elle m'obligera à écrire cent fois : « Je ne retarderai plus jamais le spectacle de fin d'année... » Madame

Filion prend la parole d'une voix froide:

–Bon, le spectacle doit continuer, maintenant.

Puis, elle me fait un charmant clin d'œil et ajoute d'une voix plus douce:

–Ce que j'aime de toi, Lorian, c'est que tu es bien l'élève le plus original que j'aie jamais eu.

Je reste bouche bée. Mon père se lève, éclatant de fierté. Il se met à applaudir. Je ne l'ai jamais vu sourire ainsi. D'autres parents et d'autres élèves se joignent à lui et, peu à peu, toute la salle applaudit à tout rompre. J'en ai les larmes aux yeux. À ma droite, il me semble qu'un petit docteur Morin en grande robe blanche me tapote l'épaule en murmurant: «Bravo, Lorian! Tu as tout

compris. C'est comme ça qu'on change les choses. »

Je lance un sourire rayonnant à mon épaule droite. Les gens me prendront peut-être pour un fou, mais tant pis ! Jamais je n'ai été aussi fier de m'appeler Lorian Loubier, d'être un peu bizarre, c'est vrai, mais surtout si différent !

Martine Latulippe

Martine Latulippe adore écrire, et elle le fait avec un plaisir contagieux ! La jeune romancière a un véritable don pour imaginer des situations loufoques qui font rire les lecteurs. Ce deuxième roman de la série *Lorian Loubier* ne fait pas exception. Humour garanti… et émotions aussi !

Dans la même collection

1 **Monsieur Engels**
Hélène Vachon

2 **L'île aux mille visages**
Agathe Génois

3 **L'oiseau de passage**
Hélène Vachon

4 **Lorian Loubier, superhéros**
Martine Latulippe

5 **Songes et mensonges**
Nathalie Loignon

6 **Lorian Loubier, grand justicier**
Martine Latulippe

7 **Le coq de San Vito**
Johanne Mercier

8 **Lorian Loubier – Appelez-moi docteur !**
Martine Latulippe

9 **Derrière le mur**
Camille Bouchard

10 **Chagrine**
Nathalie Loignon

11 **Le duc de Godendard**
Johanne Mercier

12 **Une journée dans la vie de Lorian Loubier**
Martine Latulippe

13 Le parfum des filles
Camille Bouchard

14 Effroyable Mémère, incroyable sorcière
Agnès Grimaud

Achevé d'imprimer en janvier 2006
sur les presses de Imprimerie L'Empreinte inc.
à Saint-Laurent (Québec) - 64616